14 AOUT 1870

LE BOIS DE MEY

ÉPISODE

DU

COMBAT DE BORNY

PAR

A. BENOIT

MULHOUSE
Imprimerie Veuve Bader et Cie

1882

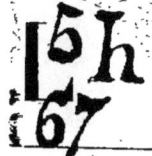

14 AOUT 1870

LE BOIS DE MEY

Épisode du combat de Borny

14 AOUT 1870

LE BOIS DE MEY

ÉPISODE

DU

COMBAT DE BORNY

PAR

A. BENOIT

MULHOUSE

Imprimerie Veuve Bader et Cie

1882

Ce fut au moment où l'armée, campée sur les plateaux au-dessus de Metz, allait terminer son passage sur la rive gauche de la Moselle qu'eut lieu le combat de Borny qui, selon les écrivains militaires français fut un succès tactique, mais non un succès stratégique ([1]), car le passage fut retardé d'un jour et le 16 la route de Verdun put être coupée. Les deux armées eurent en quelques heures 8504 hommes hors de combat, dont 4906 pour l'armée allemande et 3608 pour l'armée française. ([2])

Le combat de Borny est raconté plus que sommairement par tous les écrivains et la défense du petit bois de Mey, situé sur la gauche du champ de bataille, a passé presque ignorée, sauf dans la relation faite par le grand état-major prussion. Ce furent quelques bataillons de la 1re brigade de la 2e division du 4e corps qui y versèrent leur sang, et plus tard,

([1]) V. DERRÉCAGAIX. *Histoire de la guerre de 1870*. Paris, 1871, p. 156.
([2]) *La guerre franco-allemande de 1870-71*. 4e livraison, p. 458.

étant en captivité, le général Grenier qui commandait la division crut devoir raconter ce fait d'armes si glorieux pour ses hommes. Mais son récit est souvent inexact; ce qui se comprend, le général écrivait sans notes et sans aucun document officiel. (¹) Il rend un hommage bien mérité à la bravoure de ses soldats et on voit avec plaisir qu'il les aime et qu'il était digne de les commander : (²) « Le 13ᵉ de « ligne, un brave et solide régiment, l'ex- « cellent et brave 5ᵉ bataillon de chasseurs « à pied », ce sont des expressions qui reviennent souvent dans son récit.

Le rapport que nous allons publier sur la défense du bois de Mey complétera ce qui manque à la brochure du général

(¹) *La défense de l'armée devant ses détracteurs.* Grenoble, 1871, p. 13.

(²) Le 4ᵉ corps, commandant général de l'Admirault avait 3 divisions d'infanterie, 1ʳᵉ de Cissey, 2ᵉ Grenier, 3ᵉ de Lorencez. La 2ᵉ division était formé par les brigades Bellecourt (1ʳᵉ) et Pradier (2ᵉ). Le 5ᵉ bataillon de chasseurs à pied, commandant Carré; le 13ᵉ de ligne, colonel Lion, le 43ᵉ, colonel de Viville, formaient la 1ʳᵉ brigade. La 2ᵉ se composait des 64ᵉ et 98ᵉ de ligne. La 2ᵉ brigade de la 1ʳᵉ division, commandée par le général de Golberg, formait la réserve avec les 57ᵉ et 73ᵉ de ligne, plus tard arriva la 1ʳᵉ brigade de cette division, général Brayer, 20ᵉ bataillon de chasseurs, commandant de la Barrière, 1ᵉʳ et 6ᵉ de ligne. Le lieutenant colonel de Rambaud était chef d'état major de la 2ᵉ division qui avait trois batteries d'artillerie et une compagnie du génie.

Grenier ; il porte tous les caractères de la véracité, il a dû être écrit le lendemain du combat. Les péripéties de l'action se déroulent dans un style sobre qui émeut par sa simplicité même ; le dénouement disparaît devant le spectacle de tant de bravoure. Le lecteur en jugera, car voici cette belle page de littérature militaire :

« Le dimanche 14 août, on prend les armes de bonne heure, le temps est beau, mais un épais brouillard ne tarde pas à couvrir la campagne. Les avant-postes tiraillent toute la matinée et on a deux alertes ; mais l'ennemi ne se présente pas en force suffisante pour donner de sérieuses inquiétudes. A neuf heures, nous faisons filer notre convoi qui va passer la Moselle aux ponts de Chambière. Les troupes doivent suivre les voitures de bagages, dont le défilé est beaucoup plus long qu'on ne l'avait supposé. Aussi, nous passons toute la journée sous les armes, les tentes abattues et prêts à mettre sac au dos. Le 4ᵉ corps doit passer la Moselle aux ponts de bateaux jetés à Chambière. Le 3ᵉ doit traverser la ville et franchir la rivière sur les deux ponts de pierre. La garde et le 2ᵉ corps ont déjà effectué leurs mouvements et sont installés sur la rive gauche. [1]

[1] Le maréchal Bazaine attribue le retard du passage de la Moselle à la levée des vannes de l'étang de Lindre, près de Dieuze, par les Allemands. Il est à

« La division Lorencez, placée à notre gauche, suit la cavalerie du 4ᵉ corps passée sur la rive gauche immédiatement après les voitures du convoi. La division Cissey défile ensuite devant nous et se dirige vers Chambière, nous restons bientôt seuls sur le plateau que nous ne devons quitter que les derniers en couvrant la retraite de notre corps d'armée. (¹)

« De l'autre côté du ravin de Vallières les divisions Metman et Aymard couvrent le mouvement de retraite du 3ᵉ corps.

« La première des trois journées de Metz allait commencer.

« A trois heures, la deuxième division met enfin sac au dos pour commencer son mouvement ; comme on battait en retraite, l'ordre est donné de marcher la gauche en tête. Le général Grenier conduisait la brigade Pradier, s'engage dans la rampe qui descend de Saint-Julien à Chambière. Nous le suivons. Nous étions près d'atteindre la route un peu en avant du parc

---

remarquer que l'étang était en terrage en 1870. (On sait qu'il est destiné à inonder les abords de la place de Metz.)

(¹) Le 13, le maréchal Bazaine signalait au général de l'Admirault, à Retonfey (route de Boulay-Saarlouis, à 10 kil. de Metz, 5 de Mey, où campait le 4ᵉ corps), de fortes reconnaissances : « Il y a constamment des coups de fusil échangés entre nos grands-gardes et elles. » (*L'armée du Rhin*, p. 278).

de Grimont, quand des mouvements de troupes d'une nature inquiétante commencent à se produire sur la route de Boulay ; de nombreuses colonnes d'infanterie qu'à leur couleur sombre et à la direction d'où elles viennent, on reconnaît pour appartenir à l'armée allemande, se montrent sur plusieurs points. Quelques-unes débordent à droite comme pour venir à nous ; mais la plupart marchent sur la chaussée et se dirigent d'un pas rapide sur Noisseville ; de nombreuses batteries d'artillerie les accompagnent.

« A cette vue, le général Bellecourt arrête sa brigade, lui fait faire front et porte en avant la batterie de mitrailleuses qu'il a sous la main. Le 5e bataillon de chasseurs escorte cette batterie, qui se porte sur un léger dos d'âne en avant d'un chemin d'exploitation conduisant de Mey à Villers-l'Orme.

« Le 13e et le 43e de ligne se déploient à quelque distance en arrière du 5e bataillon de chasseurs.

« En voyant qu'on s'arrête pour lui faire face, l'ennemi dessine plus nettement son offensive. Un certain nombre de ses bataillons traverse la route de Boulay et s'avance de notre côté, formé en colonne ou déployé en bataille. Les Allemands égrènent devant eux de longues lignes de tirailleurs, qui se jettent dans les vignes de Nouilly, où les ceps les dérobent à notre vue. Plusieurs batteries viennent se ranger et prendre position vis-à-vis de nous. Sur la gauche, du côté de Servigny, on voit défiler un régiment de grosse cavalerie, dont les armures étincellent sous les rayons du soleil qui, derrière nous, baisse sur l'horizon. Il est quatre heures.

« Le général Grenier, que l'on a fait prévenir, n'arrive pas. Déjà très engagé dans la descente, il s'occupe à faire remonter l'artillerie sur la hauteur et donne des ordres à la brigade Pradier, qui fait demi-tour.

« Cependant le temps presse, il faut prendre des dispositions, la situation est critique ; le feu vient de s'engager entre l'ennemi et notre 3e corps du côté de Borny et de Noisseville.

« Entre nous et l'ennemi se trouve un vallon assez large dans lequel coule le ruisseau de Vallières, qui prend sa source aux environs de Sainte-Barbe et va tomber dans la Moselle, aux portes de Metz, après avoir arrosé les villages de Nouilly, de Vantoux et de Vallières. Au-dessus de Nouilly, qui est un peu sur notre droite, les pentes du vallon sont plantées de vignes. Les prairies qui entourent le moulin de Nouilly sont coupées de haies et plantées d'arbres. Ces circonstances favorisent l'approche des tirailleurs ennemis qui peuvent dissimuler leur marche.

« De notre côté, le terrain est assez découvert. Le plateau sur lequel notre batterie occupe, comme nous l'avons dit, un léger dos d'âne, s'étend couvert de blés foulés ou moissonnés jusqu'aux pentes du ravin de Vallières. Au point le plus élevé de ce plateau, un peu en avant de nous et à quatre ou cinq cents mètres sur notre droite, se trouve un petit bois désigné sous le nom de bois de Mey, parce qu'il se trouve à peu de distance au nord-est du village qui porte ce nom. Ce bois a la forme d'un carré, dont chaque face peut atteindre une largeur de deux cents mètres. Un fossé peu profond, et obstrué par les ronces et les épines, couvre la face de l'est, celle qui regarde Nouilly, déjà occupé par les Allemands. En nettoyant et creusant le fossé et en flanquant le bois de tranchées-abris pour empêcher qu'on ne le tournât, il aurait été facile d'en faire une position inexpugnable. Malheureusement, personne n'y a songé pendant les journées précédentes. Tel qu'il est, c'est toutefois encore la clef de nos positions.

« Frappés par son importance, le général Bellecourt et le commandant Carré [1]

[1] Le commandant Carré fut tué à la tête de son bataillon le 31 août, à Servigny, près Sainte-Barbe ; il sortait de Saint-Cyr.

du 5ᵉ bataillon, se décident à y envoyer sous la direction du capitaine adjudant-major de ce bataillon, M. Chabert, trois compagnies du bataillon, la 1ʳᵉ, la 5ᵉ et la 6ᵉ. La 3ᵉ compagnie resta attachée comme soutien à la batterie de mitrailleuses du capitaine Saint-Germain, la 2ᵉ était placée dans les mêmes conditions auprès d'une batterie de 4 qui venait d'arriver. Le 4ᵉ compagnie resta en réserve un peu en arrière.

« Les mitrailleuses, voyant les ennemis à leur portée, ouvrent à 1800 mètres un feu très meurtrier et très efficace, car il dissipe leurs premières colonnes.

« Les batteries portées devant nous ne tardent pas à répondre, bientôt la canonnade devient vive et nourrie. Notre ligne se renforce de plusieurs batteries qui sont arrivées au galop de Chambière. Nos compagnies de soutien, couchées dans un sillon, laissent passer les boulets qui ne leur font que peu de mal.

« Pendant ce temps, le capitaine Chabert a fait occuper le bois de Mey. Laissant les deuxièmes sections sur la lisière du bois, il fait partir la 1ʳᵉ section de la 5ᵉ compagnie, à 300 mètres en avant, de manière à surveiller tout le vallon aux alentours de Nouilly. Le capitaine de Fleury, qui commande cette première ligne, ne tarde pas à engager le feu contre les tirailleurs, à cent mètres du bois ; les premières sections de la 1re et de la 6e compagnies forment une seconde ligne que commandent les capitaines Humbert et Garcet. Chaque compagnie a près de 125 hommes.

« Vers cinq heures et demie, les tirailleurs prussiens, dont les lignes viennent d'être considérablement renforcées, criblent de balles la 5e compagnie, dont ils menacent la droite par un mouvement tournant. (¹) Trop faible pour résister à un ennemi trop supérieur en nombre et craignant d'être tourné et coupé du bois, le capitaine de Fleury ordonne la retraite qui se fait en bon ordre ; il dépasse la ligne des tirailleurs de la 1re et de la 6e compagnie qui, par un feu nourri, contiennent et arrêtent les assaillants pendant quelque temps.

« Pendant qu'il rallie toute sa compagnie en avant du bois pour porter les deux sections à la fois au secours de la 1re et de la 6e, le capitaine de Fleury (²) est blessé par une balle qui lui traverse la jambe. Il faut

(¹) Deux compagnies du 44e régiment (Prusse orientale) sous le commandement du major de Ziegler (1re armée, 2e division, 3e brigade.) Le lieutenant général von Bentheim, commandant la première division fut chargé spécialement de l'attaque, il y fut blessé.

(²) Ancien élève de l'Ecole de Saint-Cyr (1er octobre 1856).

l'emporter à l'ambulance. La charge à la baïonnette qu'il allait tenter pour dégager les deux compagnies engagées devant lui et rejeter le 44ᵉ hors du plateau, n'a pas lieu, et les capitaines Humbert et Garcet se voient obligés de se replier devant le nombre toujours croissant. Ils battent en retraite tranquillement par échelons, et regagnent le bois, dont le capitaine Chabert organise la défense.

« Les Prussiens tentent alors une vigoureuse attaque et s'avancent au pas de charge, en poussant des hurrahs sonores, et par deux reprises essaient d'enlever le bois. Le feu de nos tirailleurs les arrête, les décime, et finalement les repousse. Un bataillon du 13ᵉ de ligne, qui s'est avancé à gauche du bois, croise ses feux avec ceux des défenseurs. Nos pertes sont assez sensibles ; le capitaine adjudant-major Chabert, qui se prodigue au plus fort du danger, tombe frappé de plusieurs balles, dont une lui brise le genou ([1]).

« Cependant les assaillants décimés et repoussés se retirent en désordre. Les chasseurs des trois compagnies sortent pêle-mêle du bois pour les suivre. Un ba-

---

[1] Ce brave officier, qui organisa la défense du bois de Mey, mourut de ses blessures, regretté de tout le bataillon. Il sortait, comme tous les défenseurs du bois, sauf le brave capitaine M. Garcet, de l'Ecole Saint-Cyr (1ᵉʳ octobre 1849).

taillon du 64ᵉ, qui débouche en ce moment à la droite du bois, se laisse aussi entraîner dans cette poursuite. Au lieu de s'arrêter sur les crêtes, il s'engage dans les vignes, où le désordre se met dans ses rangs. Les Prussiens, supérieurs en nombre, le criblent de balles, le rejettent hors des vignes, et le poursuivent sur le plateau, sans lui donner le temps de se reformer.

« A gauche du bois, le 13ᵉ qui s'est aussi avancé jusqu'aux vignes, ne peut résister à une attaque vigoureuse. Son premier bataillon plie ; pendant ce temps les trois compagnies de chasseurs se sont ravitaillées de munitions et ont pris position sur la lisière du bois. Il pouvait être sept heures, lorsque le 64ᵉ, refoulé et rejeté hors des vignes, revint en désordre sur le plateau. L'assaillant le serre de près, le capitaine Garcet arrête un moment la poursuite par un feu nourri, mais bientôt attaqué lui-même par une colonne qui débouche en face du bois, il ne peut plus s'occuper de ce qui se passe à droite.

« Le 64ᵉ est repoussé définitivement vers le village de Mey et les Prussiens débordent la face droite du bois.

« A gauche, le 13ᵉ a été un moment ébranlé, son premier bataillon a battu précipitamment en retraite. Le porte-drapeau, qui se jette en avant pour rallier et entraîner les soldats, tombe mort (¹). Le colonel Lion s'élance en appelant à lui les soldats du 13ᵉ et les chasseurs qui sont à côté. Les Prussiens ne sont plus qu'à cinquante pas. Répondant à son appel, le fanfariste Cauvez (²), chasseur de la 6ᵉ compagnie du 5ᵉ bataillon, s'élance des premiers, saisit le drapeau et le remet entre les mains d'un officier du 13ᵉ qui accourt le chercher.

« Le combat devient acharné et très meurtrier aux alentours du bois, qui est attaqué sur plusieurs faces. Le capitaine Humbert est (³) tué roide par une balle qui le frappe en pleine poitrine ; le fourrier Foisset tombe mort à côté de lui. Un instant c'est le tour du lieutenant Azema (⁴), aussi de la 1ʳᵉ compagnie de chasseurs, qui tombe frappé à la jambe.

(¹) Jean-Nicolas-Etienne Toupet, sous-lieutenant du 28 janvier 1870.
(²) A-t-on décoré ce brave homme ? Il méritait de l'être.
(³) Ancien élève de l'École Saint-Cyr, 1ᵉʳ octobre 1857. Cet officier sortait des chasseurs de la garde et venait d'être nommé capitaine. Sa tombe est dans le petit bois. Le lendemain de l'affaire, on le retrouva entièrement dépouillé.
(⁴) Il fut porté comme mort et en rentrant de captivité, il dut se faire rétablir vivant par jugement du tribunal de Gaillac. M. Azema, ancien élève de l'École Saint Cyr (1865), venait d'être nommé lieutenant.

« Il reste au pouvoir des Allemands et passe pour mort jusqu'après la capitulation de Metz.

« Le sous-lieutenant Charpentier du Moriez (¹), qui a pris le commandement de la 5ᵉ compagnie de chasseurs, après la blessure du capitaine de Fleury et qui maintient énergiquement ses hommes au feu, a le bras labouré par une balle qui lui fait une blessure très grave.

« Le capitaine Garcet (²), secondé par les sous-lieutenants Knœpffler (³) et Chomer (⁴) de la 1ʳᵉ et 6ᵉ compagnie du 5ᵉ bataillon, lutte toujours et dirige la défense qui devient désespérée, car l'adversaire entoure

---

(¹) Ancien élève de l'Ecole Saint-Cyr, 1ᵉʳ octobre 1869.

(²) M. Garcet avait fait toute sa carrière militaire dans les chasseurs à pied, sous-lieutenant au 1ᵉʳ bataillon le 3 novembre 1855 ; lieutenant au 20ᵉ bataillon ; nommé capitaine en 1870. Il était encore à l'hôpital de l'Ecole d'application lors de la reddition de Metz.

(³) Ancien élève de l'Ecole Saint-Cyr, 1ᵉʳ octobre 1867, né à Phalsbourg. Il ne fut pas dépouillé par les rôdeurs de nuit, comme l'avait été son capitaine. Lorsqu'il tomba, donnant l'exemple, le fusil à la main, il se trouvait commander le détachement, tous ses supérieurs étant hors de combat.

(⁴) Ancien élève de l'Ecole Saint-Cyr, 1ᵉʳ octobre 1869, M. Chomer sortit sain et sauf de l'affaire ; comme officier payeur du bataillon, il dressa les actes de décès de ses camarades tombés si glorieusement.

presque le bois. Les émissaires que le capitaine envoie pour demander du renfort et du secours ne peuvent s'acquitter de leur mission. Enfin, ce brave officier tombe lui-même, atteint au bas-ventre par une balle qui le traverse de part en part. La nuit vient, il peut être huit heures et demie.

« Ramassant les hommes qui les entourent, les sous-lieutenants Knœpffler et Chomer tentent de s'échapper du bois en faisant une trouée. Le premier tombe mort après avoir fait quelques pas. Le second, plus heureux, se fait jour avec une vingtaine d'hommes.

« Bientôt après, le feu cesse, la nuit est venue ; le combat se ralentit également sur les autres points. Maîtres du bois (¹), les Allemands y ramassent une partie de nos blessés et font quelques prisonniers valides.

(¹) Au moment où le 44ᵉ venait de s'emparer de nouveau de Nouilly et de ses abords, un seul élan porte les deux bataillons du 3ᵉ grenadiers jusqu'au sommet des pentes couvertes de vignes, situées à l'ouest du Goupillon. Accompagnés des 6ᵉ et 7ᵉ compagnies du 4ᵉ grenadiers, les deux bataillons du colonel de Legat (3ᵉ), et, à côté d'eux, les fractions du 44ᵉ, poussent victorieusement sur les hauteurs de Mey, chassant devant eux l'adversaire qui se replie sur ce village et sur le petit bois au nord-est. Le major d'Arnim lance le 2ᵉ bataillon du 3ᵉ contre ce bois, le tourne au sud-ouest avec les 6ᵉ et 7ᵉ et l'enlève à la première attaque. La 12ᵉ compagnie du 3ᵉ et les deux compagnies du 4ᵉ, venues avec elles, pé-

Cependant, grâce à leur énergie, à leur sang-froid, et au dévouement de quelques chasseurs, du clairon Delor, entre autres, le capitaine Garcet et le sous-lieutenant Charpentier du Moriez réussissent à s'échapper du bois, et après avoir traversé les lignes de vedettes, ils parviennent à se faire transporter dans nos ambulances.

« Dans ce bois de Mey, héroïquement défendu, on peut employer ce mot, le bataillon de chasseurs avait perdu, en tués et blessés, sept officiers sur huit qui y étaient entrés ; huit sous-officiers du même bataillon étaient morts ou blessés. L'un d'eux, le sergent Fravelle, de la 1re compagnie, atteint de trois coups de feu à la cuisse et un bras traversé de part en part, veut rester à son poste, et ne quitte le bataillon que lorsque le lendemain on le fait transporter à l'ambulance.

« Le sergent-major Constant, qui a bien conduit son détachement de chasseurs du 17e bataillon, est aussi blessé. ([1])

« Outre les officiers et sous-officiers si cruellement éprouvés, outre quatre prison-

---

nètrent à leur tour dans le village de Mey et s'en emparent au milieu de l'obscurité devenue complète. *Guerre franco-allemande, 481).*

Le bois fut repris par le 20e bataillon de chasseurs à pied ; le commandant y fut tué. (FAY. *Journal d'un officier de l'armée du Rhin*, p. 69).

([1]) Il avait 48 hommes.

niers qui sont ramassés sans blessures, les trois compagnies du 5ᵉ bataillon de chasseurs ont eu dans le bois de Mey 94 caporaux et chasseurs hors de combat.

« Pendant ce temps, la 3ᵉ et la 2ᵉ compagnies se trouvaient à gauche employées comme soutien dans les batteries d'artillerie. Séparées du bois de Mey par le 13ᵉ de ligne, elles étaient sans communication avec les défenseurs du bois.

« Tant que ces deux compagnies ne furent exposées qu'aux boulets, elles ne firent aucune perte. Les mitrailleuses qui, en ouvrant le feu, avaient décimé les bataillons placés près de Nouilly, avaient dû, d'accord avec les pièces de 4, concentrer tout leur tir sur les batteries placées entre Poix et Nouilly. La canonnade fut nourrie et violente pendant plusieurs heures. Nos pièces restèrent en position jusqu'à huit heures.

« A ce moment eut lieu l'attaque générale et vigoureuse qui livra définitivement le bois de Mey aux Prussiens. Sans la division de Cissey, qui était revenue depuis plusieurs heures de Chambière, le village de Mey et nos ambulances tombaient également au pouvoir des assaillants qui voulaient se jeter entre le 3ᵉ et le 4ᵉ corps par le ravin de Vallières.

« Lorsque le bois de Mey fut occupé par les ennemis, la position de nos batteries devint intolérable. C'est à ce moment que le lieutenant Domenech (¹) de la 3ᵉ compagnie du 5ᵉ bataillon fut tué roide par une balle qui lui traversa la tête. Officier d'avenir, instruit et laborieux, M. Domenech consacrait à l'étude du droit ses derniers loisirs de garnison (à Rennes).

« Nos batteries durent se reporter en arrière. Les Prussiens choisirent ce moment pour lancer de fortes colonnes, qui avancèrent rapidement. Il y eut, à cet instant, un peu d'hésitation, et un commencement de désordre de notre côté, le passage des pièces et des caissons à travers les bataillons d'infanterie, les décousait et menaçait de les bouleverser. Le général Grenier, pour y remédier, se met à la tête du 43ᵉ, fait battre la charge et, secondé par le colonel de Viville, entraîne vigoureusement ce régiment. Les colonnes qui s'avançaient sont contenues, puis refoulées, et écrasées par un terrible feu à volonté exécuté par les bataillons déployés. La 2ᵉ compagnie du 5ᵉ bataillon, qui n'a plus de batterie à garder, prend part à ce dernier épisode qui, de notre côté, mit fin de combat. »

(¹) Ancien élève de l'École Saint-Cyr, sous-lieutenant le 1ᵉʳ octobre 1859.

Le plateau sur lequel est situé le bois de Mey n'est pas le but des excursions des touristes venus à Metz « pour voir les champs de bataille ». Il a conservé son air solitaire que troublent quelques carriers et les cultivateurs n'y font pas grand bruit, car à chaque instant la charrue est arrêtée par une tombe. Tout autour du bois, des croix s'élèvent et on voit quelle lutte acharnée a eu lieu sur ce coin obscur des environs de Metz.

En abordant le bois en venant de Vantoux, on rencontre déjà les tombes qui montrent la place où la droite de la division Grenier était placée, tandis que son aile gauche, passant près de la célèbre Croix à trois jambes, aboutissait à la petite chapelle de la Salette sur la route de Bouzonville.

Les sépultures sont à peu de distance l'une de l'autre ; officiers, sous-officiers et simples soldats reposent ensemble dans cette vaste nécropole. Dans maints endroits les combattants sont réunis dans la même tombe.

Voici la nomenclature de ces sépultures :

STATISTIQUE DES TOMBES MILITAIRES QUI ENVIRONNENT LE BOIS DE MEY

A partir du coin sud-est du bois :
5 grenadiers du 4ᵉ régiment, 5 grenadiers du même régiment, 1 Français du

— 23 —

13ᵉ de ligne, 2 du 43ᵉ (¹), 2 du 3ᵉ et 2 Français du 13ᵉ, 1 du 13ᵉ, 1 du 4ᵉ, 4 du 3ᵉ, 2 du 3ᵉ, 2 chasseurs du 5ᵉ, 1 du 13ᵉ, 1 du 85ᵉ, 1 sergent-major du 64ᵉ, 1 brave du 3ᵉ, un sous-officier et 19 soldats des 3ᵉ et 4ᵉ (²), un chasseur du 5ᵉ, 1 sous-officier et 14 soldats des 3ᵉ et 44ᵉ, 4 soldats du 44ᵉ, 1 capitaine du 64ᵉ, 2 du 36ᵉ, le lieutenant Kalau von Hoven et 9 grenadiers du 3ᵉ, 1 sergent, 1 sous-officier et 12 soldats du 44ᵉ, 1 sous-officier et 11 soldats du 3ᵉ, 1 sous-officier et 9 grenadiers du 3ᵉ, 15 soldats du 43ᵉ, 1 du 13ᵉ, 3 du 13ᵉ, 3 du 13ᵉ, 1 capitaine du 13ᵉ, 1 lieutenant et 4 du 13ᵉ, 10 du 13ᵉ, 1 lieutenant et 2 du 64ᵉ, 2 du 13ᵉ, 1 grenadier du 3ᵉ et 3 Français du 13ᵉ, 2 du 3ᵉ, 1 chasseur du 5ᵉ bataillon, 1 chasseur du 5ᵉ bataillon, 1 Français du 85ᵉ, 4 du 85ᵉ, 1 du 13ᵉ, 1 du 13ᵉ, 1 lieutenant du 13ᵉ (³) et 2 chasseurs du 5ᵉ bataillon, 3 du 13ᵉ, 4 du 64ᵉ, 1 du

(¹) 3ᵉ et 4ᵉ signifient grenadiers de la Prusse orientale, 43ᵉ et 44ᵉ régiments de cette province ; 5ᵉ bataillon, 13ᵉ, 36ᵉ, 64ᵉ et 85ᵉ régiments français.

(²) Vers le ravin de Nouilly.

(³) La famille a fait poser une pierre tombale en pierre de taille sur laquelle on lit : « † Ici reposent Albert Arnould, sous-lieutenant au 13ᵉ régiment de ligne, 1ᵉʳ bataillon, 2ᵉ compagnie, ancien élève de Saint-Cyr, né à Braisnes, le 17 novembre 1847 † 14 août 1870, et 2 chasseurs du 5ᵉ régiment. »

64ᵉ, 5 du 13ᵉ, 3 lieutenants et 1 chasseur du 5ᵉ chasseurs (¹) (n° 166), 2 grenadiers du 3ᵉ, au nord du bois, 1 capitaine et 4 chasseurs du 5ᵉ bataillon (²) (n° 154), dans le chemin creux, à l'ouest du bois, 4 du 85ᵉ. 3 Français du 64ᵉ (³).

(¹) En entrant dans le bois (côté est), ce sont le capitaine Humbert et le fourrier de sa compagnie, Foisset.

(²) Cette tombe doit contenir le corps du sous-lieutenant Knœpffler, tué en sortant du bois, au moment où le 3ᵉ grenadiers y pénétrait.

(³) Au cimetière Chambière, près du monument, on lit sur une modeste croix de bois : « Ici repose Jacques-Pierre Blanchard, caporal au 5ᵉ bataillon de chasseurs à pied, décédé aux ambulances du génie, le 14 août 1870, âgé de 22 ans. R. I. P. »

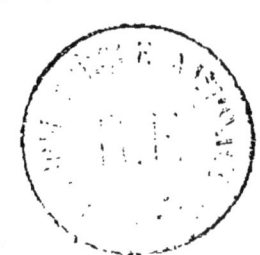

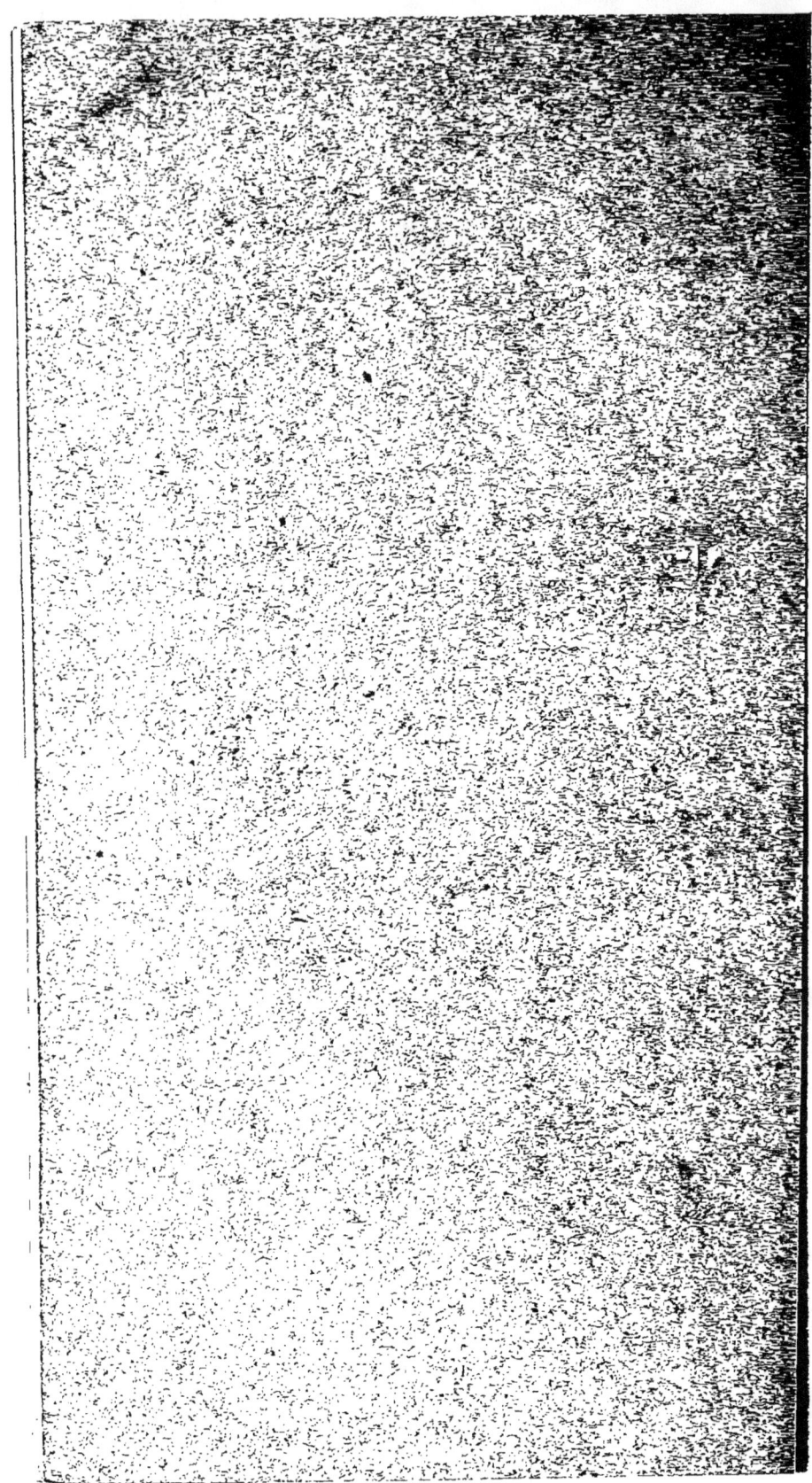

www.ingramcontent.com/pod-product-compliance
Lightning Source LLC
Chambersburg PA
CBHW060719050426
42451CB00010B/1517